AF583080

VERSOS PARA CIERTOS DÍAS

ExLibric

ENRIQUE FERNANDO ARAUZ FLORES

VERSOS PARA CIERTOS DÍAS

EXLIBRIC
ANTEQUERA 2023

VERSOS PARA CIERTOS DÍAS
© Enrique Fernando Arauz Flores
Diseño de portada: Dpto. de Diseño Gráfico Exlibric

Iª edición

Editado por: ExLibric
c/ Cueva de Viera, 2, Local 3
Centro Negocios CADI
29200 Antequera (Málaga)
Teléfono: 952 70 60 04
Fax: 952 84 55 03
Correo electrónico: exlibric@exlibric.com
Internet: www.exlibric.com

ISBN: 978-84-19827-45-6
Depósito Legal: MA 929-2023

Nota de la editorial: ExLibric pertenece a Innovación y Cualificación S. L.

ENRIQUE FERNANDO ARAUZ FLORES

VERSOS PARA CIERTOS DÍAS

A la familia Flores Ortega
A mi esposa Yolanda
A mis tres lunas

Tres apartados a manera de prólogo

1. Un lírico y vital itinerario

Escribir un prólogo para un libro de poemas supone siempre un doble desafío: por un lado, interpretar el mundo poético del autor para luego explicárselo a los lectores de la manera más fiel y cristalina; por otro, entusiasmarlos a que ellos mismos constaten nuestras celosas conjeturas en el texto que, eventualmente, tendrán entre sus manos. Pocas veces los prologuistas logramos cumplir tamaño cometido (quizá consigamos lo primero, pero fracasemos en lo segundo; quizá consigamos lo segundo, pero fracasemos en lo primero), por lo que espero que, en este particularísimo caso, la suerte juegue a mi favor.

Comenzaré diciendo que tuve la dicha de ser uno de los primeros lectores de este libro, y la primera impresión que me produjeron los poemas que lo integran fue la de haber asistido a un excepcional recorrido por las muchas vetas creativas de su autor. En efecto, la heterogénea naturaleza estilística del texto —en la que incluso hallamos haikus y tankas— nos da la sensación de estar frente a una antología, aunque claramente no se trata de eso, sino más bien de un muestrario, de una miscelánea, en la que temas tales como el amor, la memoria, la muerte y, por supuesto, la escritura, por mencionar tan solo los más evidentes, ratifican la relevancia que estos poseen en lo atingente al género poético.

El poemario se estructura diáfanamente, como si cada composición fuese el eslabón de una cadena que, al mismo tiempo, oficiara de lírico y vital itinerario, itinerario que parecería tener prevista una estación en la que detenerse cada día (o mejor, cada «ciertos días»).

En relación con esto, el título del libro, que es también el de uno de sus poemas, bien puede entenderse como aquello que da sentido a todo el corpus, como una suerte de principio estructurante, hecho que, conjeturo, contribuye a lograr una mayor cohesión en el conjunto.

No obstante, si partimos de la idea de que la lírica es siempre subjetiva y de que la realidad evocada por el poeta —transfigurada la mayoría de las veces por el ritmo, la rima y la metáfora— difícilmente pueda traducirse, llegaremos a la conclusión de que cualquier interpretación temática será provisoria en algún punto, pues el significado de los textos poéticos, por definición, se cimienta en una suerte de inestabilidad semántica, en una huidiza posición denotativa. Aun así, quedan los signos, los índices (como podrían serlo los títulos o las muchas dedicatorias que aparecen en el libro), en fin, aquellos «anclajes» que nos permiten apropiarnos de la vasta red de símbolos que constituyen el poema para, al fin y al cabo, ayudarnos a dotarlo de sentido.

2. Un aire de cordial familiaridad

El lenguaje empleado por Enrique Fernando Arauz en este libro evidencia un cuidadoso y refinado manejo del léxico español. Seguramente, esto se explica por los modelos que el poeta que glosamos tomó para conformar su particular ideario estético, ideario en el que se advierten influencias del romanticismo, el modernismo y la mal llamada poesía pura (de hecho, ecos de Espronceda y Bécquer, pero también de Machado, Jiménez, Salinas y Guillén pueden escucharse si se presta la atención debida). Aun así, vale aclarar que la inusual «pulcritud» que exudan estos textos no resulta un impedimento para disfrutar de su lectura, sino que, por el contrario, le da al libro un aire de cordial familiaridad, aire que los amantes de la poesía castellana, sin duda, sabrán agradecer[1].

Mención aparte merece la notable ductilidad del autor en lo que a la disposición de los versos respecta. Si bien el verso libre predomina en todo el libro, el poeta le concede un lugar de privilegio a la rima «casual» (a veces consonante, a veces asonante) cuando indisputablemente corresponde. Es así como, en el poema «Sulamita», por ejemplo, encontramos un cuarteto rimado como este: «Del inmolado corazón partieron / estos versos, poema con destino / cierto, tu amor explica este camino / que expande con palabras mi universo»; y en el poema siguiente, «Esta pena», encontramos una estrofa más larga y sin rima que dice: «Esta amarilla pena late sobre / mi tórax apuntándome siniestra / como rota costilla que amenaza / mi pleura y el paisaje donde el aire / se acomoda entre lunas eclipsadas, / silentes alveolos que no tienen / más tiempo que perder, perdido tiempo / oscuro

1 En una época en que los patrones estéticos que rigen la producción poética parecerían estar vinculados a cierto «feísmo», representado generalmente por lo vulgar y decadente o, en el mejor de los casos, por lo conversacional y discursivo, no deja de ser una grata sorpresa encontrarse con poemas en los cuales los valores compositivos de la poesía escrita en épocas no tan distantes permanezcan aún intactos.

como mis profundos mares». En el segundo ejemplo, además, nos topamos con un recurso que el poeta parecería manejar a la perfección: la discontinuidad sintagmática del verso, aquello que en los tiempos de poesía rimada se llamó encabalgamiento.

Efectivamente, la discontinuidad sintagmática del verso (asociada aquí al encabalgamiento) se manifiesta en el libro como una estrategia recurrente. Podría decirse, incluso, que, antes que inclinarse por otros operadores lingüísticos de poetización —tales como la metáfora, la metonimia o la sinécdoque—, el autor opta por este recurso de orden sintáctico, que afecta más al ritmo que al propio sentido del poema, al comprometer la lectura lineal de ciertas estructuras gramaticales, en teoría, indivisibles.

3. Un actual y notabilísimo volumen

La poesía es un género bastante olvidado por el mercado editorial[2]. Sin embargo, los versos que integran esta serie tienen enormes posibilidades de ser bien recibidos por un amplio sector del público. Ni el respeto irrestricto por la técnica y el lenguaje poéticos, ni la enérgica apuesta a un lirismo intemporal —virtudes

[2] Una aseveración como esta no debería sorprender a nadie a esta altura del partido. ¿Acaso pueden medirse con parámetros comerciales los inefables devaneos de un poeta? No, de hecho, parecería imposible, como tampoco pueden medirse de esa forma los poemas, productos materiales de aquellos sutiles devaneos. Sucede que la poesía pertenece al reino de las palabras, palabras que todavía no han sido oxidadas por la herrumbre de las transacciones económicas y que, por eso mismo, representan un exceso, una gratuidad. Dicho de otro modo, la poesía es algo que escapa a la lógica mercantil con la que se rige nuestra industria cultural, y eso, simultáneamente, es una bendición y un contratiempo.

atractivas de por sí— han impedido que temas de palpitante actualidad se incluyan en el libro (piénsese, por ejemplo, en el poema «Es tarde…», dedicado a los muertos en pandemia).

Por otra parte, si bien es cierto que el mercado editorial le viene dando desde hace décadas un lugar de privilegio a la novela, se sabe que las urgencias en las que está inmerso el lector contemporáneo lo inclinan mucho más que antes a textos breves, ágiles y elocuentes, como lo son los poemas que conforman este notabilísimo volumen.

En definitiva, la lectura de Versos para ciertos días promete ser una experiencia única, capaz de ofrecer una bocanada de aire fresco en estos tiempos en los que la asfixia intelectual —y fundamentalmente poética— parecería estar degradando, incluso más de lo imaginado o sospechado alguna vez, aquello que hemos dado en llamar condición humana. Quedará ahora en usted, estimado lector, corroborarlo en lo que sigue.

Flavio Crescenzi
Buenos Aires, junio de 2023

Índice

Tres apartados a manera de prólogo 11
El temporal viento 19
Del inmolado corazón 21
Sulamita 22
Esta pena 23
Mi corazón me dice 25
Silencios 26
Versos para ciertos días 28
Lo mucho que te he querido 31
Mis plumas 35
Mírame 36
La noche abandonada 41
A veces, visito 42
Esta historia 43
Es tarde 45
HAIKUS 46
SENRYUS 50
TANKAS 52
Una noche más 54
Las nubes vistas desde arriba 55
El tiempo 57
Cuando escribo 58
Cuando se acabe la vida 59
Tres sombras 62
Cuando me vaya 63

Después de haber dado tanto....70
Tercera visión del miedo....74
Avísame cuando llegues....77
La mujer que leía....79
Recuérdame, amor....85

Sobre el autor....88

El temporal viento

Tan provisional es esta azarosa piedra
que el viento esculpe artesano sobre la mesa
del tiempo, como la lucha del trigo eterno
al besar la tierra y su vendaval de sueños.

Llama de pan mojada por mares de vino,
uva en los ojales de la memoria invicta,
solapa de lunas sembrada en los caminos,
voz que habita eterna la piel de la poesía.

Viento que hace caminos, desbrozando labios
de efímeros suspiros, sangre de senderos
que brota en la fresca cabeza del silencio,
piedra callada, cuenca del aire, plasmado
sobre el corazón de mis ancestros, albura
de sombríos cementerios, piedras que buscan
las manos mojadas de las nubes, undantes
palabras que ansían ser sueños de hontanares.

Intacto rompecabezas, osarios piden
volar con él, detener la historia, volver
a la juventud con un beso, componer
las manecillas de este reloj inflexible.

Viento libertario que a mi cuerpo rebelde
cubre y señala camino, trueno del alma
alumbrando cantarinas aguas que vienen
con fuerza de metralla, celestiales aguas
recorriendo mis venas, etérea frontera
de enigmáticas mareas que, desde el cielo,
montañas, labrantíos huertos, libros, sendas,
olivos, hierros, templos, poetas y espejos
bajan como si mil años no fueran nada,
y se marcha y regresa para cabalgar
sobre polvorientas costumbres veteranas,
fragmentando ocasos y albas, fecundo umbral

de esta sorda melancolía, yacimiento
que alimenta este interestelar embeleso
más allá de la muerte de cada mañana
en que se desmoronan los sueños de plata.

Viento insepulto, polvo de huesos, abejas
transmutadas, mar de alas que inundan la tierra
dando agua a mis molinos, aspas de mi cuerpo…
¡Ríos de primavera en busca de silencios!

DEL INMOLADO CORAZÓN

Del inmolado corazón… mi casa
lleva suspiros náufragos sin dueño
adonde el viento apura los veleros
del alma; ahí se enciende la nostalgia.

Añejo mar mezclado con palabras
que se derrama sobre manos-remos,
agitando los muelles del deseo
donde atracó tu amor de madrugada.

Sulamita

A Yolanda

Del inmolado corazón partieron
estos versos, poema con destino
cierto, tu amor explica este camino
que expande con palabras mi universo.

Por ello, desde aquí declaro: noche,
vete a habitar otro lugar, que este
momento es nuestro, todo es día al borde
de tus labios… Mi amor te pertenece.

ESTA PENA

Esta amarilla pena late sobre
mi tórax, apuntándome siniestra
como rota costilla que amenaza
mi pleura y el paisaje donde el aire
se acomoda entre lunas eclipsadas,
silentes alveolos que no tienen
más tiempo que perder, perdido tiempo
oscuro como mis profundos mares.

Esta pena es un trueno que desciende
sobre el azul paraje, eléctrico,
helado, cicatriz con cierto brillo;
su golpe desbarata el oleaje
de las nubes: allí las aves lloran.

Despertando campanas que el olvido
—ventana sin estrellas— deja innoble
en el ocaso solitario, limbo
de la llovizna que a mi espejo moja
con gotas de palabras que recorren
el desnudo silencio. Atrás se incendia
la estrecha aurora con mis huesos tristes,
jauría en busca de latientes versos.

Esta pena se lleva las arenas
del camino, a veces deja algo
de aliento y sueños, esperanza tierna
que me lleva a hablarte para ser
el murmullo del sol en el ocaso.

MI CORAZÓN ME DICE

A Yoli

Mi corazón me dice que ya vienes,
que es cuestión de horas el reencontrarnos;
afuera quedan las palabras fuertes,
las que nos desmintieron y borraron.

Con prisa, mis latidos invidentes
anuncian tu llegada entre habituales
barrancos, esperando nuevamente
tocar tu piel, sentir tus labios suaves.

Hoy, una luna cálida, de blanco
vestida, busca noches sin andenes
en fuga, que recuerden los abrazos
perdidos en la lluvia de los meses.

Lámpara de vacías terminales,
inciertas horas, triste madrugada,
extrañando tu piel, lejanos mares.

Mi corazón palpita con el agua
que corre por veredas otoñales,
pues sabe que eres nube, río, casa.

SILENCIOS

Llevo silencios de hostias incendiadas
en las vértebras cósmicas del agua,
alfabeto tundente de la esfera,
fortaleza de un mundo hecho cenizas.

Silencio llevo en soles tenues, islas
donde lloran mis penas, ígneas cuerdas,
sostén del alma, pájaros que emigran
sobre noches en fuga, negras albas.

Llevo silencios hondos como el viento,
heraldo de mis huellas, luz que late
libre en el árbol donde la voz arde,
quemando las espinas de los pétalos.

Llevo silencios de mi pueblo, canas
de lunas que agitaron firmamentos,
salvándome del triste mar del tiempo,
espuma que deshace la distancia.

Estela de memorias insepultas,
encendidas palabras, rotas cuerdas,
voz que raspa los muros de mis venas,
nuevas letras que evocan claras lunas.

Abriendo océanos de sangre y dudas
con las esquirlas de sus ecos, albos
huesos que expanden inflamadas lunas
sobre el silencio náufrago del árbol.

¡Llevo desnudas alas que deshojan
el centro de cada uno de mis huesos!

VERSOS PARA CIERTOS DÍAS

I

En las secas aceras del recuerdo
se escucha el crepitar de mi garganta,
arcillosa arpa que a mis guerras canta
en calles que abotonan mis silencios.

Días que huyen del frío, blancos vientres
que, tímidos, resbalan desde el alba;
los veo y escucho desde la malla
fenestrada de inciertas horas-puentes.

Camino sobre ellos, los palpo y beso
como la muerte que en algún lugar
me espera para armar mi nacimiento,
ese que a mi poesía da su fuerza.

Rojo fantasma, sangre de mi cuerpo.

Cerca de mi piel, amadas mujeres
observan las espigas de mis genes,
espigas que son carne de silencio.

Días en busca de mi propia sombra,
ave luchando contra la impotencia
que a su lado dormita, confesora
del paredón sembrado de nascencia.

II

Versos para abatir el día a día,
para elevar la voz ante la guerra
que enfrentamos heridos de vigilia,
versos para enfrentar noches en vela.

Principio y fin, la tarde tiene prisa,
la oscuridad envuelve tu sonrisa,
inicio que a la luna sin espacio
deja, vistiendo de negrura el mármol.

Noche que se resbala entre mis sueños
como la curva del recuerdo, ala
que se aproxima enamorando al cielo,
espejo de la tierra... Frágil cáscara.

Fundente sangre de mi tiempo, letras
vertidas en un traje a la medida,
alfabeto del mundo, y sus cenizas,
escritas con la tinta de mis penas.

Nocturnos días, ígneos relojes
sin marítimas cartas ni pequeñas
botellas sobre un mar que desconoce
mi rostro, olvidándome en la arena.

Días para perderme con tu nombre
a cuestas… ¡La ensenada exuda mapas
falsos sobre esta noche sin certezas,
seduciendo gaviotas de alas rotas!

Mientras, afilo las palabras sobre
las dudas y las cosas más mundanas
en playas llenas de aves que a mí llegan
para esculpir incendios en la aurora.

Lo mucho que te he querido

A la inolvidable tía Conchita

No hay más que decir; me voy vadeando la mitad
del silencio que me toca, más allá de la costera
línea de este amanecer ceniciento con adioses
llenos de serpenteantes risas que, solo por hoy,
maquillaron lo que tú, para mí, has sido.

El bullicio del ayer se ha aplanado; sus opacas
cerdas se retraen tristes entre sombras de estas últimas
páginas que esta mañana, libre ya de sus cerrojos,
intuye en tu fémur roto, mal soldado, que la santa
noche no comprende, álgida escala de este dolor
que escupe al viento y te aparta del paraíso, dejando
sobre las difuminadas ciudades de mis recuerdos
tus sabias y escasas formas de nombrar lo que nació
debajo del fiel espejo.

No hay más que decir, lo sé y lo sabes; la saliva
de mi lengua se evapora al verte parapetada
en las nubes de tu cuarto, presas nubes que a tu alma
no dan tregua, el oscuro resplandor de su fugaz
blancura lava tus cuitas… y perdona tus pecados.
Atrincherado, te miro y rescato las memorias
antes de que los escorpiones de la muerte simplemente

borren el trinar de nuestro cielo y nos dejen sin fuerzas,
para enfrentar el abismo que te aterra y mi miedo
infinito de no ser capaz de darte un abrazo
que por siempre te acompañe, reflexiones que surgen
en las sombras de estas cuatro paredes, orilla en llamas.

Siempre lúcida me miras y luego te retraes
a tu mundo de silencios que al horizonte alcanza,
mientras trato de entender lo que este triste momento,
cenizas de antiguos sueños, representa ante este día
jueves que endoso a mi alma, al ver ondear jirones
de vetustas emociones en tu cuarto, donde
—inmóviles, solos y desamparados—
contemplamos los colores del fuego
que incendió el mar, océano sin orillas.

Estandartes que vibrantes besan la caliente arena
de lo que fuiste, al verte sé que aún quedan algunas
brasas de tu vigorosa mirada, alguna vez
torrente de palpitantes luceros, que todavía
rondan a pesar de todo, y que incluso de la propia
silla de ruedas emergen.

Allí, encima del tiempo, el rocío de mis lágrimas,
anidado en tu mirada, humecta la solitaria
cruz de tu invernal vejez junto a un cúmulo de dudas,
interrogantes que el alma al borde del precipicio
plantea en torno al fuego,
mientras, armado con versos, mis saltarinas palabras

conversan con la marea de tus silencios, instantes
antes de que cada uno empuje a la batalla su propio
vacío, bien escondido en el piélago azul
de un silencioso disparo.

Antes de que el olvido crezca y seamos las cenizas
de intocables madrugadas y las nubes ya no vivan
libres detrás de mis párpados y las alturas nos besen
con sus labios arrugados y la muerte con su vientre
amarillo desmorone el manantial de los años
con sus sempiternos sueños de espuma y la solitaria
luna convierta una vez más la niebla en inasible
pensamiento, doy reposo a las estrías de nuestras
sombras, fechando estas letras sobre las prístinas alas
de tu leyenda.

Por ello, mi voz se quiebra y baja con la tristeza
del ahora, pues sabemos que hemos cruzado sin puentes
tantos abismos, quedando indefensos dos ilusos
guerreros, tocando el rostro del otro al borde del caos
en la piedad de un postrero acto de fe, al sentir
las aletas de tu ejemplo navegar entrelazado
a los ecos de la historia y de mi sed por beber
de temblorosos recuerdos que dejan las palpitantes
arterias de tu andamiaje,
inacabado suspiro que expira en los rojos ojos
de la acuciante penumbra que descansa en tu cansancio,
desde donde me doy cuenta al ver tus ojos mirar
más allá del techo náufrago,

que te he dicho solo un poco,
tan solo un poco, lo mucho
que te he querido.

MIS PLUMAS

Antiguas voces
fundaron en una sola
noche
en mi cuerpo desollado,
sangrante luna
de catálogo,
la azarosa historia
de mis plumas…

Mírame

I

¡Habla la vida agonizante
en voces de mi tierra!

Cenizas son mi carne, humus
de celestiales árboles
que frondosos crecen sobre los bordes
de la áspera mañana de esta senda,
en donde, diligente, abono
furtivos versos a la tierra
imaginada, formas de vaciar
el horizonte,
palco donde nos miran desolados
capullos de agualuz,
brotando de divinas, mágicas,
gargantas,
hijas eternas de ancestrales tiempos,
tiempos desafinados.
¡Acá la vida! ¡Allá su canto!

Vibrantes notas arrojadas
al transparente estanque del silencio,
despertando las ondas
del espíritu,
ondas flexibles, afiladas,

expandiendo el mismísimo
universo,
penetrando los círculos
del espejo;
vibrante amanecer que se aparea
con el convulso vientre de la luna,
pariendo atormentadas almas
en inciertas alcobas por relámpagos
iluminadas… Flor con tallo
de tajamar, surcando a solas
los recuerdos del infinito jardín.

Flor deslumbrada: seres que a sí mismos
se miran entre el hondo cielo
—sudoroso de instantes puros
y, a veces, tan hueco—
y la tierra impregnada de ominoso
humo; personas que a la rosa
convierten en semilla,
y a ella, en viento
—y todo con el barro de sus sueños—;
hombres que son espiga y surco, mar
y piedra, puerta, sangre, lágrima,
sudor, volcán, ventana…, seres
desnudos que escalan con sus letras
el alma de un herido tiempo.

Extraños seres: tiernos, de alba llenos,
con el pellejo desollado,
el corazón abierto y un fusil
en la boca… Poetas
(memoria de los hombres)
sin ojos que los vean y sin dioses
que los abracen.
Voces que exclaman furibundas:
«¡Acá la vida! ¡Allá, tu cuerpo!».

II

Esta vida cercada por la muerte
inicia en los segundos traspasados
por la ondulante agua de mis letras
donde el amor madura desde
mis entrañas.
Dúctil vida, sediento surtidor
sin ancla, anónimo mar,
vida reescrita con versos
en las rodillas de la llama
sobre este mundo extraño que me quema,
mientras en su cuello percibo
su violento pulso en los cantos
que surgen dentro de mi alero.

Verticales mareas…
El espacio
se deleita con olas

de fuego que golpean
desnudos besos en ajenas tardes.
¡Esta vida comienza aquí!

Besos que con tanta ansiedad
hospedo… ¡Huérfano de sueños
a veces los navego!,
amasando los sueños palatales
con inmóviles piedras, irisadas
de vida, vida herida,
desgarrada, sangrante vida, negra
vida de blancos sueños
entre amorosas bocas cobijada,
de suspiros colmada.
¡Allá el amor! ¡Acá la vida!

Máscara de hojas, lluvia,
amor y fuego,
que, sedientas, esperan el silencio
entre las gotas extraviadas
de algún verso,
sangre escurriendo en las laderas
del sueño… ¡Sembrador de labios!,
cosechas en oscuros laberintos
las huellas oceánicas
del pensamiento, ígneas rocas
fundiendo el miedo,
viscoso miedo,
témpano incandescente

recorriendo estrechas arterias.
¡Allá la vida! ¡Acá la mágica esperanza!

Reparador de corazones
de olvidadas aves, sus alas
son abanicos que mi frente
de insomnios llena, sigiloso origen
de noches dolorosas que interrumpen
el devenir del tiempo,
fugitivas tormentas albergándose
en la bahía azul del sueño
—playas de celestiales
remembranzas—, mirándonos
con el perdido catalejo
de un fulgurante instante,
denso como los golpes susurrados
de una promesa,
líquido como ácida lágrima,
parpadeante como tímido
destello, bravo como un puñetazo.

¡Aquí la frágil esperanza!
Y allá…, ¿allá quién toca?

LA NOCHE ABANDONADA

La noche es una cueva hecha de entrañas,
presagio de un lamento desolado,
que encubre a este amor abandonado;
bruma de sol vistiendo madrugadas.

Allí, el llanto guarda su fragancia
perfumando la luna con sus cirios,
que olfatean los párpados cetrinos
del insomnio surgiendo de la cama.

Vacía, trota sobre la penumbra
entre vidrios verdosos de silencio.
Oscuro beso, luz tenue, difusa,

que acaricia el ayer, piel de mi sueño.
En soledad, mujer, tu boca alumbra
el abandono de mi noche al fuego.

A VECES, VISITO

A nuestro sueño imposible…
Irma Fernanda

A veces, visito,
sin que duela demasiado,
la vida que tuvimos;
la levanto de la lluvia
y, amorosamente,
la seco con alfileres templados
a golpes ciegos
que el pasado,
con sus ojitos cerrados,
me ha dejado en alguna vereda
hecha de quebrados besos
que, prodigiosamente, conservo
entre los ecos helados
de tu sombra en llamas.

A veces, la lluvia
va a bañarse en el mar
de lo que fuimos,
diluyendo los contornos
del recuerdo.

Entonces, mi vida
tiene cierto parecido
a la de una diminuta hormiga
cargando una gota de rocío.

ESTA HISTORIA

Esta historia voraz
me observa, se convierte
en antorcha,
camina por mis manos,
deshace con sus puños
de castellanas letras
la roja memoria
de aquellas noches,
transformando el pasado,
moldeando el futuro
de mis ancestros,
filtrando las arenas
de su lenguaje.

Espejo en el que miro
y me miras,
soñamos…
Lenguaje con el que amaso
mis alegrías
y mis penas.

Esta historia me observa
y al nocturno sol besa,
penetrando el brasero
de mi desvelo…

Salvándome por siempre
del cruel anonimato,
llenando de igualdad
el pasaporte
de nuestros sueños…

Es tarde...

A los muertos por la pandemia;
a Calita, Mari Toña, Jorge, Marco y Beatriz;
a mi tía Esperanza.
In memoriam.

Hoy crece el dolor, aceite añejo
que tiembla en las manos de la muerte;
hoy, el ciprés guarda miedo, el tiempo
recoge su sed, secando el breve
mar de tus cabellos, y la llama
de tu viaje pasa en un vacío
féretro, tejiendo al viento lágrimas
que hacen recordar el pan de lunas
que alimentó sueños en los cirios
rabiosos del tiempo.

Es tarde, tus pies se desvanecen;
desde hoy, sólo voy a hablar contigo
junto al corazón de tu recuerdo.

HAIKUS

Arrodillado
en la calle, herido
está el ciprés.

Antiguo pájaro,
argentado conejo…
Sol indefenso.

Trino abreviado;
luego, un extenso trino:
el cielo canta.

La palma aprieta
el cielo, triturando
el aire espeso.

Discurre el río,
crece el césped, el pájaro
canta… Silencio.

Susurra el cielo…,
llora; el árbol se moja;
la iguana corre.

La diminuta
mariposa se eleva,
viajo con ella.

Cae el águila,
profanando la tierra
ensimismada.

Entre la copa
de dos árboles veo
tu azul pupila.

Salta el conejo
sobre el espacio, prístina
naturaleza.

La rana croa
a la orilla del viento,
crece el silencio.

Silente niebla,
finísimo rocío,
primigenia alba.

Domina el cielo
la serena palmera,
las olas danzan.

Mi verso nace
en la rima del árbol.
Crece en silencio.

Digiero el alba
en los ojos de noches
a la intemperie…

La luz inunda
la azulada bitácora
del dulce trino.

La mar abraza
el cielo cuando un pez
salta en el aire.

La calle lleva
cotidianos rumores
que el trino borra.

Brumosa noche,
máscara de tinieblas.
Insomnio a cuestas.

Trópico lleno
de color y de cocos,
verde penacho.

Piedras de río,
la corriente moldea
su sueño eterno.

En el estanque,
una tortuga da
alas al agua.

Caen las hojas
en este manicomio
de viejos sueños.

Estas palmeras,
cuando el viento lo exige,
lacias se arquean.

La flor parece
en el camellón
una matinal risa.

Las viejas hojas
de la palmera crecen
sobre las horas.

La amante palma
voluptuosa vigila
marinos ecos.

La luz de afuera
llega, iluminando
los pies del día.

SENRYUS

La flor más tierna
respira en tus caderas.
¡Silente hoguera!

Tu celestial
belleza hace que el aire
tartamudee.

La anaranjada
bóveda cubre el lienzo
de grises días.

Mar del silencio,
alfombra que enamora
a las palabras.

Sobre este iris
recién lavado, baila
el triste llanto.

La arena siente
mis huellas, el océano
las desvanece.

Al verte, el alma,
extasiada, desfalca
la primavera.

Mi amor reposa
en etéreas luciérnagas…
Fugacidad.

La roja arena
es cuenco de mis manos
enamoradas.

Leal, la palma
se inclina hacia la orilla
de tu mirada.

Desenraizándose,
la palmera hechizada
besa tu pelo.

Mi pueblo oculta
su calendario mágico
¡para vivir!

TANKAS

No tengo más

Bebo mis lágrimas
del punto sin retorno
de la verdad.
No tengo más mujer
para saciar mi sed.

Ante este espejo

Ante el espejo,
los sentidos se encuentran
con la realidad.
Al pairo orzo palabras
que aún gotean sueños.

La rosa

La hermosa rosa
es parnasiano cáliz
donde la roza,
incólume, la lábil
ansiedad de una gota.

El día a día

La solitaria
flor es fiel escudero,
donde sombríos
conductores atajan
la brevedad del ahora.

Palmera

La desnudez
de su estípite busca
la brisa dulce
del canto de la espuma
y del trinar del ave.

UNA NOCHE MÁS

Soy un viajero que busca
en tu boca noble
el suave murmullo del jazmín,
cosido a las extranjeras
caderas de tu naufragio
para, así, rescatarme
de mí mismo
y de una noche más
en vela…

LAS NUBES VISTAS DESDE ARRIBA

Vistas desde arriba, las nubes parecen, a lo lejos, un gran silencio blanco, algodón hecho de prisa por las manos celestiales de algún niño en pleno vuelo, que desentraña arrugas de la nostálgica túnica en la que se esconde el sonido de un beso, cubriendo de frágil requesón un momento eterno. Por otra parte, vistas de cerca, pero siempre desde arriba, las nubes simulan un mordisco de un hombre hambriento, una jarra vacía esperando la enardecida nieve del pensamiento, un mar de leche escurriéndose entre mis dedos, la pantalla del cine de mi pueblo —plastilina sin pasado—, los bigotes de Paloma, mi samoyedo que está en el cielo, o de Panela, la gata de raza desconocida que a diario quiero mandar al cielo.

Las nubes vistas desde arriba semejan, entre otras cosas, un gran jardín de marfiles o un gordito nadando de muertito. Y con más sentido común diría que aparentan una erupción de palomitas de maíz, siempre en constante movimiento, que transforma el instante, pues, al observarlas, me sugieren, bien un pedacito de queso aplastado por los dedos de un gigante, bien el lomo de un perro que duerme a los pies de un extraterrestre, la libertad que a mis ojos toca, el milagro de Dios, el retrato de una muchacha, cambiantes formas que arman las líneas de un imaginario paisaje sobre una isla que gravita hacia su centro, intempestivo relámpago que mordisquea un agujero de negra azúcar…

De repente, una pausa; las nubes se separan, dejan ver un diminuto fragmento de la cresta de un real recuerdo. Entre ellas, aparecen rastros de árboles que he dejado en el camino, un apacible caserío, señales de labranza: la tierra, con sus parcelas, junto a sus casas enraizadas en sus órbitas cotidianas, la espalda del agua que abandona el pretencioso verde que nunca fue suyo, serpenteante sendero hacia la pastosa lengua de una ciudad sedienta, en la que su celeste bóveda es una franja de cielo, plomizo y triste, estancado lecho, escamas de historias que nadan dentro de un río maquillado con el viscoso plasma de las vértebras que la ausencia, en su médula, deja. Parpadeo de nubosas olas que rebasan los huesos de mis manos y que cubren el sol de la memoria con gotas que provienen de un palpable espejismo a la intemperie, cruel frontera que, en el suelo, termina, pues, vistas desde abajo, las nubes son solo elefantes que maúllan, paredes de una olvidada muela a punto de reventar en la boca de un dios indigente, niños huérfanos que lloran de hambre en busca de algunos pedazos de blanca justicia, fragmentos de unas alas en caída libre que dejó deprisa un inmigrante, un ansioso crepúsculo de «coca» —sal de los ahogados—, una guerra llena de ojos en blanco, indecisas olas de percudida nieve que en las rocas de la tarde se inmolan.

Velas desplegadas sobre mi herida garganta, corazones tristes de blancas plumas que palpitan en una mecedora, la hostia que cae en mi silencio, la actitud del último árbol en este desierto, la vida y la muerte en un nido de ladrillos —la casa embalsamada—, buscando ser el techo casual de la lentitud del día.

Entre el azul que las viste y me envuelve, las nubes, a lo lejos y de cerca, siempre vistas desde arriba, son la alberca del viento, la espuma de una luna en fuga, ruta de escape de mis recuerdos; es decir, albas abejas alrededor del silencio, el músculo de los ángeles, el níveo botón del amor de una madre, similar al fiel aliento de la envejecida adolescente que me acunó en sus brazos, tibios horizontes de mis efímeros huesos.

EL TIEMPO

Cuando deshoja el tiempo su apariencia
con ráfagas dentadas de cinismo;
cuando, hipócrita, nos deja solo
un vacío de ausencia y desencuentros,
entre sus frutos yacen derrocados
los amargos silencios del que quiso
entender el sonido del follaje;
cuando el tiempo se agota, macilento
me adentro en los espejos; ahí, sueño
con las bocas infieles que convierten
mi palabra en las alas de las flores,
para volar en redentoras albas
sobre los sótanos del rayo agnóstico.

Rama de viento que mi dios agita,
lluvia de ardientes pétalos que narran
los naufragios y abismos en la cresta
mordisqueada de la nube, áurea
espiga que domina el horizonte,
metáforas que llenan mis sentidos
incendiando desiertos con miradas
de luminosas lágrimas… Destino
voraz que besa el ataúd del viento.

CUANDO ESCRIBO

Cuando escribo, el alma se vacía
en los mares futuros a mitad
de la calle; ya sabes, busco orillas
en cualquier parte, empiezo a soñar.

Pero el mar es pequeño a mediodía,
y yo nado en la nada existencial,
la entreabierta ventana endurecida
tiene náuseas, anuda mi mirar.

Silencioso cristal de mis desvelos
donde todo sucede; impuntual,
la marea acechante alarga el sueño
en veneros de letras sin sedal.

Cuando escribo, la luz bebe de un cirio
que se quema a sí mismo; allí veo
un destello de mares antiquísimos
empapando mi herida con su verso.

Mientras, crece el ciclón de los sentidos.
Solitario, navego a ras del suelo,
liberando la amarra del olvido
al tratar de escribir de cara al cielo.

Cuando se acabe la vida

A Lourdes y a su madre,
doña María López Gerardo,
alias «doña Mery».
In memoriam.

Cuando se acabe la vida,
la luz será la prometida tierra
en la vastedad de la ausencia.
Entonces, el amor vendrá de puntillas
para recordarnos en el tibio hueco
del silencio.

Cuando se acabe la vida,
se asomarán tímidamente las islas
que dejó la lluvia
en el viejo asfalto de las dudas;
quitaremos los sellos a lo visible
y la tristeza mostrará sus cicatrices.

Mientras tanto, por la cornisa del llanto,
luciérnagas de papel hablarán de frente
(quizás dulcemente) con la eternidad
y su cielo náufrago.

Ahí, delirantes gotas en llamas
desafiarán la gravedad de los años,
cayendo sobre el amoroso rastro
de tu callado rostro;
ardientes lágrimas
que encienden los párpados
de mi vacía casa.
¡Casa en ruinas!
¡Casa de mis palabras
en febril desbandada!

Cuando se acabe la vida,
la carne se incendiará deprisa,
y nuestras almas transitarán
en purísimas alas
hacia el tierno humo
que dejaron las cenizas
de un antiguo beso.

Cuando se acabe la vida, a solas,
la primavera rozará las horas
que dejó un transparente mediodía,
y tú, mi amor primero, retornarás
a mí, como hoy, junto a tu querida
madre y su inolvidable voz
de montaña, a evocar lo que tú y yo
fuimos en la cresta del alba.

Cuando se acabe la vida,
sonreiré por ser tu mujer,
la madre del color
y de mi primera orilla.

Tres sombras

Un noviembre, a punto de quiebre…

Tengo tres sombras hechas
de verdes campos,
pardos luceros
y sutiles miradas
de quienes creen habitar
fracturados alfabetos
que de mi boca manan.

Tres sombras entrelazadas
con rebaños de palabras
que, a veces, recojo
dentro de las nubes de trenes
que telarañas de mi alma
atrapan, abriendo la caja
de Pandora entre sótanos
de estrellas que se tragan
los aullidos que de mis verdes
paisajes dimanan; tres sombras
frágiles, espesas, que moran
dentro de los rojos tallos
de mi entraña.

Cuando me vaya

Cuando me vaya, abrid las ventanas,
limpiad mi cama; las sábanas,
tiradlas, si queréis; el colchón,
quemadlo. Pero no olvidéis
preguntarle de mis amores
y agravios: mares de doradas
espigas acarician lentamente
el corazón de mi posada.
Del silencio, morada.

Cuando me vaya, levantad el rostro,
bailad intensamente con melodías
que festejen nuestro camino;
invitad a la luna fiable,
pedidle, en silencio, que hable,
dejad que les dé un beso,
ventilad las lágrimas con una sonrisa,
brindadme una caricia sobre mi piel fría,
tatuadme horizontes con sonidos
repletos de perenne calma.

Cuando me vaya, con tierra bien fértil,
plantad árboles de ternura
en los luceros de mis sueños
y recordadme, os lo pido,
con alegría entre los ecos
del árbol primigenio.

Cuando me vaya, no dudéis;
buscad perlas vivas
en la pared fugitiva del primer llanto;
ahí, en su nacarina ensenada,
atrapad la fiebre de un soplo:
vivid la eternidad
de un tierno abrazo
como solo lo sabe la mujer
al ovillarse con su hijo…
¡Purísima simetría, perfecto círculo!

Cuando me vaya, a mi salud,
haced el amor, encontrad
en la piel amada un orgasmo perpetuo,
escuchad el canto de los pájaros,
sentid el rumor de las olas
estampado en el caracol de su areola
y volad con espirales piruetas
sobre el dulce pezón de la locura;
allí, observad detenidamente
cómo el amor embriaga
con el vaivén de sus mareas
a la inmarcesible y cambiante luna,
mientras plateadas abejas
navegan en los pétalos
afrutados de su inmortal vientre.

¡Visitad con frecuencia el cielo olvidado
de una sonrisa!

Dadle un puntapié al miedo,
tomad la hoz, degollad tormentas,
dad un zarpazo a los efímeros
delirios de los celestes cometas,
agitad la marea de la certidumbre,
arrancad plumas a la vida
y levantad poemas en sus alas.

Vestid de remembranzas vuestros años,
que hay ríos de laringes esperando
colorear el mar del tiempo,
y cantad al unísono
con mis mujeres;
a ellas, decidles que el olvido
nunca segó los sueños
y que me llevo al infinito
sus celestiales besos.

Cuando me vaya, asegurad el portón
con fragantes piedras
de mi pueblo amado, donde enterré
el ombligo por propia voluntad.
Sacadlo de la sombra, que dé frutos,
pedídselo al viento, aprovechad
para decirle al mundo que la luz
de algunos girasoles inundó
con su fuego mi centro.

Tomad cirios de libertad,
encended estelas, buscad
mis secretos y llenadlos de voces,
alejad las penumbras cobardes
de lo que pudo haber sido.

Gritad en luminosas calles,
que vuestro grito acabe
con el ruido de etéreas guerras,
olvidaos de puentes y nadad
sobre los labios de los ríos,
penetrad el interior de los volcanes.
¡Intentad aullar cual rugiente lava!

Cuando me vaya, mirad serenamente
los pétalos del espejo
que acompañaron el amor
del colibrí por el misterio;
recordad este verso náhuatl:
«¡Nadie tiene casa propia en la tierra!».
Por ello, en la tierra, habitad primaveras.

Cuando me vaya, incendiad
los muros del mar,
acariciad todas las rosas
con besos de dulcísimo rocío
y pintad de frondosas
pasiones vuestra casa.

Embridad el viento y danzad
como lo hicieron los abuelos
con el jaguar, la mariposa,
las estrellas, los vericuetos
de la esperanza, la flor, el águila,
el sol, la tierra, el agua y el eterno fuego;
juntad rojas mazorcas,
haced collares de olas
y cantad siempre, siempre
rodeados por vuestros descendientes.

Morded un manojo de mi sed,
canto de mi corazón de aurora,
tibio útero del trigo,
dócil grano de maíz en mi boca,
germen de los rayos del sol,
harina de angelicales caminos.

Amasad mi vida y ponedla
en el horno del tiempo.
Esperad…
Escurrid sobre vuestras almas
el celestial líquido de racimos de uvas:
entonces, cabalgad
sobre la levadura de mi senda.

Miradme, sentado en el escalón
del viento; no os agobiéis.
Ahora, puedo ser el alba de una muchacha,

las alas del ábaco,
la infaltable armónica de «Pilla»,
la flauta en tus labios,
la sal de la palabra,
el radio de mi abuelo,
la danza del bendito cosmos,
una ventana abierta,
una piedra bañada por divinos ríos,
la voz del árbol, la infinita luz,
la hora más hermosa,
el horno de la sombra,
el sabor de la memoria,
un verso lleno de recuerdos,
el olor de tu llanto,
la juguetona rima de la manzana,
el retorno del silencio;
en fin, murmullo de las redes
lanzadas frente a costas
embriagadas de historia,
fe rasguñada por la vida
que, desbocada por desvelos
y sacrificios,
gotea sobre mágicas estrofas
dimanadas de vuestra orilla.

Recordadme gustoso entre las cumbres
de los versos, tizones que del alma
parten para el instante capturar
y dibujarlo con las nobles alas

de ciertas aves que profanan nubes
cerradas, nubes que dan sombra a seres
que viven para siempre en la ciudad
donde los días ven hacia el poniente,
salpicados de otoños irredentos
con su floración de hogueras
y, quizás, de algunas respuestas.

DESPUÉS DE HABER DADO TANTO

A Irma, gracias por la vida que caminamos

Después de haber dado tanto,
después de haberme dado tanto,
vendo los espejos, las dudas,
las sombras, el pasado lleno de ojeras,
las oportunidades vacías,
la última despedida.

Después de haber dado tanto,
después de tú darme tanto,
ante el solitario mar con sus dunas
de peces que siembran las arterias
del encrespado silencio,
regalo las palabras más amadas
que tu soberbio fantasma
susurra sobre los celestes maderos
que, en silencio, sobrevivieron
a nuestro naufragio.

Después de haberte dado tanto,
después de tú haberme dado tanto,
llevo una vitrina sin oídos,
plena de invisibles lunas
y roja espuma
que dejaron los mordidos ríos
de la nostalgia.

Después de haber dado tan poco,
después de tú darme tanto,
exploro el azul del frío
en los recovecos de nuestra historia
que revienta ante mis ojos,
sintiendo en el herido diapasón
de tu mirada
los vibrantes sonidos de tus razones.

Después de haberme dado tan poco,
después de haberte dado tanto,
embriagado por la lógica de una rosa
al calor de otras miradas,
busqué el reverso de la medalla
y ponerme a salvo en medio de la nada
para asirme al callado lago
de la esperanza
donde se baña la distancia.

Después de que las pulcras mentiras
se han ido de excursión
y la verdad viaja detrás de ellas
por los insomnes senderos
de nuestras secretas catedrales,
pronuncio este adiós
hospedado en el zumo de un suspiro.

Después de viajar por el transparente
lenguaje de una hoja
y de sentir el color
que ofrece la madrugada
sobre solitarios acantilados
y atestadas playas,
confieso que el incansable destino
reside confundido al otro lado de un beso,
de un sueño, en la tumba del titiritero
que llevo a cuestas en un remolino
de hondos precipicios.

Soy un hombre enmudecido,
abrumado por recibir tanto
y darte todo lo que he podido,
incluso el ancla de mis recuerdos
y, con ellos, los barullos de mi guerra,
ese sepulcro que encierra la soledad
—bien lo sabes— y, con ella,
las llaves de mi humilde reino.

Después de pasar la noche
enfrente de nosotros mismos
como dos eternos desconocidos,
desfilo entre crestas de fuego
buscando las cenizas del tiempo,
para esparcirlas sobre este horizonte de rocas
y ahogarlo sobre el vuelo de una frágil mariposa.

Después de haberte dado tanto y tan poco
como una antorcha de oscuridad sedienta,
después de haberme dado tanto y tan poco
como un deshidratado niño sin venas
(después de habernos dado todo y nada),
nos debemos por lo menos un duelo
con nuestros cinco sentidos
que evoque el invisible reflejo
de nuestra imposible vida,
que se diluye en la torturada sombra
de rotos días,
bebiendo esta vital despedida
entre sorbos de café con aroma a risas.

TERCERA VISIÓN DEL MIEDO

Negra luna de trapo,
ácido remolino,
daga de la uva,
hoz del universo,
primer instrumento del pensamiento,
derramada herida es el miedo…

Acuchillando minutos
con su tambaleante pensamiento;
gélido espacio donde
la muda luna eclipsada
corre llena de frío,
llena de espanto,
afilando sobre mis ojos
sus lancinantes uñas,
abriendo corazones
de temblorosos guerreros
en los breves cuerpos de las papalotl[1],
barro emigrando a la tierra de mis huesos.

Huracán incubado en la semilla
del aire, hoguera de vida,
acordes de una lluvia que se va
y regresa como un espasmo

---

[1] Mariposa.

de conmovidos espejos,
idolatrando la penumbra,
crisálida que eclosiona en la espalda
de la aurora...
¡Piel mutilada del viento!,

donde en el devenir del tiempo
su cáustica mano escarba
el sordo cauce de mi viaje,
derribando la esperanza...
¡Infausto fragmento de un do sostenido!

Pájaros que se posan en los ojos
del pentagrama,
saturando de vacío
el equipaje de las estaciones,
peligroso viaje a ras de leales
palabras, hoguera de más
de una idea...
palabras que descienden aturdidas
entre silencios,
mimetizándose con el fulgor
del trueno,
para anidar sobre el mosaico
del cielo, es decir, matices
de mundos subterráneos,
arrastrando su vuelo sobre sombras
de un seco estanque:
débil lama de espejos palpitante.

Escafandra de demonios
que acaricia el acuario del viento,
cinturón de pólvora y huesos;
el miedo huele los colores de la llama
en el océano oscuro de la almohada,
frontera de la negra campiña
entre la duda y la soledad,
lugar de ausencias
y de reencuentro con un etéreo
e ilegal maniquí de pardos ojos,
coral de los sueños
que ornamenta las sombras
del rubí encajado en mi pecho.

AVÍSAME CUANDO LLEGUES

A mi padre.
In memoriam

Avísame cuando llegues, cuando transites por cielos
que a la infancia me regresen y ahí de nuevo inventemos
junto a la lluvia cálida, lavando tiempos de ruido...
Tiempo frágil, sin paraguas, lluvia que cae al vacío.

Avísame con el aire de tus inmóviles sueños,
con los goznes de tus codos, con las alas del silencio
o, si quieres, con el vuelo de una gota de rocío
que desliza por siempre sobre tus ojos sin brillo.

En el fugaz remolino del tiempo aún logro verte
partiendo de la estación donde se mira de frente
el paso del arcoíris en los trenes del olvido.

Avísame antes que un último beso se quede prendido
para siempre en el recuerdo cenital de lo que fuimos
y la noche atrape el tacto amarillo de la muerte.

Padre, avísame acallando a las olas que se llevan
las cenizas de tu cuerpo, cenizas que la tristeza
cubre de humanos lamentos, descalzando tu partida.

Por eso avísame cuando a la dulce lluvia sientas
y el agua de tu memoria se adentre sobre mi herida,
limpiando al abismal hueco que dejó tu espiral vida.

La mujer que leía

A mi tía Zoyla Rosa Espinoza Bracamontes.
In memoriam

La vi en una antigua foto y no la reconocí.
Mi tía, «la Güera» Martínez, me mostró la añeja foto
y con toda intención preguntó:
«¿Quién crees que es?».
Un plomizo eco cayó en mis ojeras;
traté de acomodar las ideas.
La foto era de una reunión de jóvenes mujeres;
la que específicamente señalaba mi tía
era la de una mujer que destacaba
en ese concierto de sonrisas.
Al ver mi confusión, me miró inquisitiva
y, prudente, esperó.

Observé atento la fotografía
que me encontró después de décadas,
casi por casualidad; era una foto de otro tiempo
—ella reía, bella, soberana de su vuelo—
que me hizo preguntarme quién podría ser.
No la reconocí,
y al observar mi turbación, me dijo:
«Es tu tía Zoyla».
Súbitamente, recordé su parpadeante imagen;

la brisa sopló las manos del invierno.
Entonces, caí en cuenta de que era ella,
la mujer que leía.
Al ver a esa hermosa y joven mujer,
entendí que, más allá del tiempo,
había una nube que patinaba sin zapatillas
sobre la bóveda del silencio.

La entrañable mujer que leía;
ella era culta en un ambiente de pocas palabras,
huésped de la lluvia
con la que se incrementa la marea.
La recuerdo leyendo contra el cotidiano
pulso de los tambores,
en un entorno, digamos, por lo menos,
«no propicio»; a lo más, insostenible,
lucero en un mar sin olas
que, incluso así, provocaba a la luna
desde el borde de su espuma.

La vi en una antigua foto;
reía, sabedora de su magnificencia
(sin embargo, yo no recordaba haberla visto reír).
Para mí, era la ribera de sus hijos,
la balanza en la tormenta,
la voz tranquila que, al escucharla,
relacionaba con nuestro pueblo:
Compostela, es decir, un océano infinito;
cuando la plaza era una isla

en la que los pichones saludaban el eco
de nuestras pisadas en el quiosco eterno
de la infancia, para, luego, volar a la antañona iglesia
desde donde, vigilantes, nos observaban.

La recuerdo trabajando, atenta y valerosa,
en su tienda de ropa «La Marina Mercante»,
junto a Nati su fiel escudero.

Confieso que nunca sumé la sinfonía
de la cotidianeidad con la sordera del ambiente;
a veces, creí percibir en ella un cierto disgusto
con el tañer azul de la soledad de un cielo entero.
Ahora sé que lo ganó todo y lo perdió todo.
Cosas de la vida…

Hoy se ha ido; de golpe, recordé aquella tarde
en que otra tarde me visitó.
Las estrellas, a lo lejos, me llaman;
la luna no aparece por ningún lado;
la noche disecciona las entrañas
de las remembranzas, y me pregunto
quién explicará a las palabras su orfandad;
no hay quien encienda su llama.

La mujer que tanto quise, lóbulos
que ya no pueden oír, ojos de mi memoria,
cegadora luz emanada de una fotografía
de mediados del siglo XX, en la que la veo espléndida,

como cuando se percibe el río del horizonte,
furtiva inquilina de un lugar insospechado.

El recuerdo se llena de pasado
con el aroma de sus guisos,
su férrea disciplina, sus lecturas (íntimo espacio),
el profundo sonido de sus sueños y la escalera,
casi vertical, de su frontera.

Comprendí que sus libros fueron veloces autos
que la llevaron lejos, fuera del tiempo,
a montañas sin asfalto,
estacionamientos mal iluminados,
ocultas geografías, desolados bares,
tormentas de sal, amores desahuciados,
conspiraciones llenas de ojos.
Espuma en las córneas de sus playas,
veredas para caminar junto a los pájaros del atardecer.

Lindero de la esperanza, una tarde para ella sola,
para suspirar a destajo y hacer acrobacias sin red;
en una palabra: volar.
Sus libros eran el justo equilibrio
de sus diversos acentos, su jardín oculto,
otras épocas, otras vidas, grutas del espíritu.

Hoy se ha ido.
Las rodillas apenas me sostienen.
¡Tanto dolor siento!

Hay una larga fila de lamentos
esperando salir por las esquinas
de un roto escaparate de ausencias lleno,
donde llueven voces que nadie escucha,
mientras, adentro, imagino el estrecho pasillo
lleno de ropa que, sin reproches, aún me mira,
aprisionado por extraviadas quimeras.

Por eso, hoy te nombro con el idioma de los pichones.
Pedí su gorjeo para acompañarte a la plaza, a Colima,
al corazón de tus hijos junto al alma de Rodolfo;
el tiempo se desmorona, un sueño chapotea.

La estación de trenes es tan solo un recuerdo,
los minutos se malgastan,
la inmediatez es dueña del tiempo,
el polvo se acumula,
la Marina Mercante ya no existe,
la plaza que te llevaste es otra
y, sin embargo, te alegrará saber
que tu esencia vale por un millón
de asombrosas voces;
tu esperanza ya es mía, has vuelto para siempre;
creces en los sembradíos, en las flores,
en los potreros, en el romero,
en la yerbabuena, en las vitrinas de tus acentos,
en el barro, en tus hijos, en tu ejemplo.

Aquella lejana plaza sobrevive
en un campo de estrellas,
donde te sigo con el dolor de mis años,
pues siento tu aroma
al caminar junto a tu recuerdo,
buscando mi propio refugio,
mis lágrimas, regresar a lo que ha sido,
mientras el reloj de arena se desvanece
y yo trato de hilar lo que ocurrió ayer,
apenas ayer, sobre los márgenes
de la rima suelta del tiempo.

Recuérdame, amor

A Sulamita, por supuesto

Recuérdame, amor, porque a veces paso de largo
sobre la tranquilidad de las bombas,
el agudo escalofrío del rojo
pavimento y sus extraviadas balas,
la estética del deshielo, el clamor de los pingüinos,
los lamentos que salen de los espejos
de los niños que mueren de hambre,
de tantas preguntas sin respuestas.

Recuérdame, amor, no concentrarme
en las palabras, cuando la realidad
corre en sentido contrario y yo escribo
entre desiertos de plástica basura,
presintiendo ríos contaminados,
atisbando la soledad de nuestras alas,
hacinamiento de crujientes dunas dentro del corazón
de los que creen tener todo y no tienen nada.

Recuérdame, amor,
que el calentamiento global
sucede lejos de nosotros,
que las abejas son innecesarias,
que el océano, caprichoso,

cambia de temperatura,
porque a veces se deprime al encontrar
en su piel erizadas manchas de petróleo.

Recuérdame que estamos juntos hoy
más que nunca, porque las banderas
hacen reverencias a la gente de corbata,
a los serviles sin rostro, a los mentirosos;
afónicos, los revolucionarios se desmoronan,
los ambientalistas gritan a oídos sordos,
mientras nosotros somos fragmentos
de un sol en medio de la nada.

Recuérdame que recuerde
que no estoy solo.
Recuérdame que te recuerde
que no estás sola,
aunque las especies se vayan
a los libros de ciencia,
que un tuit resumirá
en un lenguaje de húmeda ausencia.

El ruido que hacemos, amor,
es niebla artificial,
agua embotellada en las aceras
de la estulticia,
signos grises;
y, no obstante, recuérdame, amor,
quitarme las botas, frotar tus pies,
decirte a diario cuánto te amo,

buscarte en el horizonte,
en los puntos cardinales,
lejos, si esto fuera posible,
de la anónima basura que las marinas
corrientes llevan,
antes de que los versos se hundan
en el estadístico silencio
de nuestra próxima extinción.

Sobre el autor

Enrique Fernando Arauz Flores, médico de profesión y por convicción, nace en Guadalajara (Jalisco, México) en 1957; sin embargo, su origen espiritual lo marca en Compostela Nayarit. Sus dos grandes pasiones son la medicina y la literatura.

Cursó varios talleres de literatura. Sus poemas han sido publicados en revistas digitales de Iberoamérica y en varias antologías de España y Argentina. De estas últimas destacan las siguientes:

- Finalista I Convocatoria Internacional de Poesía Libróptica 2013 (Argentina).
- Primer lugar del IV Certamen Internacional De Creación Poética y Fotográfica «Irene Gomis» 2013 (España) en el rubro de Poesía.
- Finalista en el Certamen Internacional de Poesía Alejandra Pizarnik 2014 (Argentina).

- Finalista del concurso Ediciones de Letras 2015 (España).
- Finalista de Imaginante Editorial «Primera Convocatoria a Poetas Latinoamericanos» 2015 (Argentina).
- Primer lugar en los Premios literarios Grau Miró (modalidad tanka) 2015 (España).

Es miembro de la Red Mundial de Escritores en Español (REMES), miembro fundador del club de escritores «Palabra sobre Palabra» y escritor solidario de ASELCA.

En febrero de 2023 publica con editorial ExLibric sus *Veintisiete cartas a un amor o el olvido que se acerca. La noche empieza aquí.*

www.ingramcontent.com/pod-product-compliance
Lightning Source LLC
La Vergne TN
LVHW041131150826
845673LV00007B/2272

* 9 7 8 8 4 1 9 8 2 7 4 5 6 *